RENTES PORTUGAISES

SITUATION

Financière et Économique

DU PORTUGAL.

FÉVRIER 1885

ANVERS

Imprimerie Kockx & Cᵇ, rue du Navet, 2.

RENTES PORTUGAISES

RENTES PORTUGAISES

SITUATION

Financière et Économique

DU PORTUGAL.

FÉVRIER 1885

ANVERS

IMPRIMERIE KOCKX & Cᵒ, RUE DU NAVET, 2.

RENTES PORTUGAISES

SITUATION

FINANCIÈRE ET ÉCONOMIQUE

DU PORTUGAL.

Les occasions seules, mais le plus souvent trop tard, nous font connaître les gens et les choses dans lesquels nous avons une aveugle confiance.

Depuis longtemps nous faisons au Portugal un crédit sans limite. On nous le disait riche d'honneur, sinon d'argent — pacifique et tranquille, à côté de la turbulente Espagne — empruntant, mais seulement pour des dépenses productives, des travaux publics, dont l'exécution assurait le développement et l'avenir du pays ; — administration intelligente et honnête — peuple doux et laborieux — beau climat — sol fertile — deux grands ports, Lisbonne et Porto — riches et puissantes possessions et colonies en Afrique — rien ne manquait à ce décor légendaire ; l'illusion était générale, — Londres, Paris, Amsterdam, Anvers se disputaient les rentes

Portugaises; et depuis 1880 le 3 o/o Extérieur s'y côtait de 52 à 54.

Une certaine inquiétude s'est manifestée l'an dernier sur ces valeurs : le public, dont l'instinct devance quelquefois l'appréciation des financiers, n'a rien voulu souscrire du nouvel emprunt 1884, (259 millions) présenté cependant par les maisons les plus considérables de Londres et de Paris, et le 3 o/o tombait, ces derniers temps, à 44 $^1/_2$, malgré les efforts du Gouvernement Portugais.

L'affaire des Chemins de fer, la question du Congo, les réformes politiques, la convocation d'une Constituante ont grossi les préoccupations. On a consulté ses correspondants; recherché les rapports financiers des Consuls ; on a lu les journaux portugais et, à l'occasion de la présentation aux Chambres du budget 1885-1886, la toile s'est enfin levée sur la situation vraie du Portugal. Les polémiques les plus violentes se sont engagées ; les partis progressiste et républicain ont insulté le Gouvernement, attaqué le Roi ; et les querelles politiques nous ont enfin ouvert les coulisses de ce petit théâtre, que nous commanditons depuis trop longtemps, sans avoir encore pris la peine de connaître les comédies qui s'y jouent.

Le 12 Janvier 1885, le Ministre des Finances présentait à la Chambre des Députés le budget des dépenses et recettes ordinaires de la métropole et des îles adjacentes pour l'exercice Juillet 1885 — Juin 1886 ; il se résume comme suit :

Recettes.

	FRANCS
Impôts directs	34,958,722.22
Timbre et enregistrement.	18,170,555.55
Impôts indirects	89,194,777.77
Impôts additionnels (loi d'Avril 1882). · . .	5,911,111.11
Biens nationaux et recettes diverses . . .	20,059,816.66
Recettes d'ordre	6,029,961.11
Total des recettes. . . .	174,324,944 42

Dépenses.

	FRANCS
Charges de la dette intérieure.	34,770,707.12
Charges de la dette extérieure	40,461,871 45
Charges de la dette intérieure et extérieure servant de cautionnem^t à divers emprunts	4,948,543.03
Charges générales du Trésor	19,619,382.30
	99,800.503.90
MINISTÈRES :	
Finances	12,562,743.72
Intérieur	12,293,680.75
Justice et Cultes	3,781,500.70
Guerre	27,076,803.65
Marine et Colonies	10,449,230.65
Affaires Étrangères	1,838,173.98
Travaux Publics.	16,788,540.25
Caisse des Dépôts	218,000.—
Total des dépenses. . . .	184,809,177.60

Déficit : francs 10,484,233.18

Le Ministre n'a pas présenté le Budget des Colonies. Il se soldera certainement par un déficit au moins égal à celui des années précédentes. — Voici le Budget des Colonies pour l'exercice de Juillet 1884 à Juin 1885 :

	Recettes	Dépenses	DIFFÉRENCES en plus	DIFFÉRENCES en moins
Iles du Cap Vert	fr. 1,416,507.78	fr. 1,336,044.19	fr. 80,463.59	— . —
Guinée	406,500.—	988,844.22	— . —	582,344.22
St-Thomé et Principe	908,633.33	935,364.89	— . —	26,731.56
Angola	3,544,733.33	4,101,947.12	— . —	557,213.79
Mozambique . .	2,863,305.56	3,822,496.51	— . —	959,190.95
Inde	3,990,295.55	4,529,562.23	— . —	539,266.68
Macau et Timor	3,753,484.06	2,534 566.29	1,218,917.77	— . —
Totaux	fr. 16,883,459.61	fr. 18,248,825.45	fr. 1,299,381.36	fr. 2,664,747.20

Déficit . . . . fr. **1,365,365.84**

La Comparaison des Budgets 1884 et 1885 donne les résultats suivants :

1884		1885	
Recettes	fr. 174,648,427.77	Recettes	fr. 174,324,944.42
Dépenses	» 180,031,878.21	Dépenses	» 184.809,177.60
Déficit . . . . :	fr. **5,383,450.44**	Déficit	fr. **10,484,233.18**

De 1884 à 1885,

les recettes diminuent de . . . . fr.   323,483.35
les dépenses augmentent de . . . . fr. 4,777,299.39

le **déficit** passe de fr. **5,383,450.44** à fr. **10,484,233 18**

Le service de la dette publique est comme suit :

Exercice **1884**	Exercice **1885**
Rentes 3 $^o/_o$ intérieure et extérieure . . . . . . fr. 72,522,077.73	Rentes 3 $^o/_o$ intérieure et extérieure . . . . . . fr. 80,181,121.65
Service d'emprunts divers par le Trésor (Oblig^n 5 $^o/_o$) » 16,805,061.11 et de dette flottante prévu pour l'exercice (1)	Service d'emprunts divers par le Trésor (Oblig^n 5 $^o/_o$) » 12,320,995.83 et de dette flottante prévu pour l'exercice: (1)
fr. **89,327,138.84**	fr. **92,502,117.48**

Différence en plus, en 1885, fr. **3,174.978 64**.

----

(1) Le Ministre prévoit, pour l'exercice 1885-1886, (pages 33 et 68 du budget du Ministère des Finances) une dépense totale de fr. 2,073,333.33 afférente aux charges de la dette flottante à émettre pour faire face au déficit ordinaire et aux dépenses extraordinaires. Voir page 17 l'état probable de la dette flottante au 30 Juin 1886. — Ces charges seront plus fortes, car le Ministre ne comprend pas dans ses prévisions les sommes nécessaires pour faire face au déficit colonial. —

La charge actuelle de la dette publique absorbe donc **53,06** o/o des recettes du budget.

· · · · · · · · ·

Tous ces chiffres sont ceux du rapport du Ministre ; hâtons-nous de dire qu'il déclare, sans peut-être trop le croire lui-même, que des plus values se produiront sur les évaluations des recettes, et qu'il espère que le déficit réel du budget ordinaire ne dépassera pas 6.750.000 francs.

· · · · · · · · ·

Avec le budget, le Ministre des Finances a déposé un projet de loi pour en régler l'application.

Les articles 6 et 8 sont peu faits pour rassurer les porteurs de rentes portugaises.

» ART. 6. — L'exécution de l'article 4 de la loi du » 5 Mars 1858, établissant l'amortissement de la dette garantie » par des titres de la rente perpétuelle continue à être suspendue.

» ART. 8. — L'amortissement de la dette extérieure, établi » par la loi du 19 Avril 1845, est suspendu pendant l'exercice » 1885-1886 »

· · · · · · · · ·

Budget extraordinaire

Telle qu'elle vient d'être présentée, la situation, quoique grave, pourrait être sauvée avec de l'ordre et de l'économie ; elle n'aurait rien d'alarmant, si, derrière le budget ordinaire, nous n'avions les spectres du budget extraordinaire, de la dette flottante, la menace de nouveaux emprunts indéfinis ; si les recettes du pays devaient s'augmenter sensiblement par un développement réel des affaires ; si même le contribuable pouvait supporter de nouveaux impôts.

Malheureusement, les plus grandes inquiétudes

s'imposent sur tous ces points.

. . . .

Grisé par la facilité avec laquelle nous avons souscrit ses emprunts, le Portugal, pour toutes ses dépenses, taille en grand, comme si ses ressources étaient inépuisables ; aucun ministère ne compte ; tous glissent certainement une partie de leurs dépenses ordinaires dans le budget extraordinaire. Celui des Travaux Publics ne doute absolument de rien. Les travaux, soit à exécuter directement par l'État, soit concédés aux Compagnies, avec garantie du Gouvernement, sont votés et entrepris avec la plus grande imprudence. Ils n'ont généralement, au moins sur l'échelle où ils sont projetés, aucune utilité pour le pays. Les Chambres n'en discutent aucun sérieusement ; ils sont soldés sur le budget extra-ordinaire : — c'est un passe-port suffisant.

Voici un état certainement incomplet des engagements pris, présentés ou projetés par les Ministères des Travaux Publics et de la Marine et des Colonies :

Travaux

1º Achèvement du chemin de fer du Douro
62 kilomètres à 300.000 francs . . . . Fr. 18,600,000.—
2º Achèvement des chemins de fer du Sud et
du Sud-Est ;
322 kilomètres à construire à
110.000 francs . . . . 35,420,000.—
Gare de Barreiro (Lisbonne) 800,000.—
Réfection de la voie . . . . 4,000,000.— » 40,220,000.—
3º Port de Leixões (Porto) . . . . » 25,000,000.—
4º Port de Lisbonne . . . . » 83,333,333.—
5º Port de Funchal (Madère) . . . . » 2,500,000.—

A REPORTER. » 169,653,333.—

REPORT fr. 169,653,333.—

6º Hôtel des Postes, à Lisbonne. . . . . pour mémoire
7º Pénitencier de Coimbra. . . . . pour mémoire
8º Édifices publics à construire dans la Colonie
du Congo (casernes, douanes, etc.). . . . . pour mémoire

Total des travaux. . . francs **169,653,333.—**

Garanties concédées.

MONTANTS ANNUELS

1º Chemin de fer de Torres-Vedras à Figueira
et Alfarellos :
167 kilomètres. Garantie de 5 o/o sur un
coût kilométrique de fr. 166,666.66, sans
que la somme à payer par l'État puisse
dépasser 2 o/o sur 27,833,332,22
(166,666.66 × 167)   Fr.   556,666.—

2º Ligne de la Beira-Baixa :
193 kilomètres. Garantie de 5 1/2 o/o sur
un coût kilométrique de fr. 198,888.88. Les
frais d'exploitation sont calculés à raison
de 40 o/o avec minimum de fr. 5,555.55
par kilomètre et par an; soit 5 1/2 o/o sur
fr. 38,385,553.85 (198,888.88 × 193) .   »   2,111,205.45

3º Lignes de Salamanca à la Frontière Portugaise :
200 kilomètres. Garantie de 5 o/o sur
fr. 61,413,454.—, montant du devis, dont
il faut déduire les fr. 11,886,608.— de la
subvention espagnole ; garantie limitée à
fr. 750,000.— par an . . . .   »   750,000.—

4º Lignes de Foz Tua à Mirandella :
65 kilom. voie étroite. Garantie de 5 1/2 o/o
sur un coût kilométrique de fr. 109,401.67.
Frais d'exploitation : 50 o/o du produit
brut, avec minimum de fr. 3,877.77 par
kilomètre, impôts déduits ; 5 1/2 o/o sur
fr. 7,111,108.58 (109,401.67 × 65) . . . .   »   391,110.97

A reporter fr. 3,808,982.42

Report fr. 3,808,982,42

5° Embranchement de Vizeu :

47 kilomètres voie étroite. Garantie de
5 1/2 o/o sur un coût kilométrique de
fr. 126,666.66. Frais d'exploitation : 50 o/o
du produit brut, avec minimum de
fr. 3.877.77 par kilomètre, impôts déduits ;
5 1/2 o/o sur 5,953,333.02 (126.666,66 × 47)   »   327,433.20

6° Chemin de fer de Loanda à Ambaca
(Afrique) :

200 kilomètres. Garantie de 6 o/o sur un
coût kilométrique de 105.861,10. Frais d'exploitation : fr. 6,666.66 sur un produit brut
minimum de fr. 11,111.10 par kilom. et par
an, impôts déduits ; 6 o/o sur 21,172,220.—
(fr. 105,816.10 × 200) . . . .   »   1,270,333.20

Total des garanties . . . . Fr. 5,406,748.82

Les travaux sont estimés, la plupart aux prix
des devis, qui seront certainement dépassés : ils
représentent fr. 169,635,333.—.

Ces dépenses ne procureront certes pas à l'État
un revenu moyen, direct ou indirect, de 2 o/o ; par
contre, elles grèveront le budget, et augmenteront
les charges de la dette d'au moins 7 o/o sur les
169,653,333.— de travaux, si tant est que, même
à ce taux, le Portugal, dans sa situation financière,
puisse placer les emprunts nécessaires à leur exécution : la charge annuelle pour les travaux sera donc
au minimum de fr. **11,875,733.30.**

Le montant des garanties annuelles pour les
chemins de fer concédés à des Compagnies, est
de fr. **5,406,748.82** et, sauf la ligne de Torres-Figueira-
Alfarellos, dont le trafic peut, dans quelques années,
dégager le concours de l'État, toutes les autres

comportent une garantie indéfinie et sans réduction. Les recettes n'atteindront pas de longtemps la somme accordée pour les frais d'exploitation.

Le Gouvernement veut, en cinq ou six ans, finir tous ces travaux ; il en décrètera peut-être d'autres. En 1890 ou 1891, les charges de la dette, de fr. 92,502,117.42 en 1885, seraient donc, du chef seul des travaux publics au Portugal et aux Colonies, augmentées de fr. **17,282,482.12** et portées, au minimum, à fr. **109,784,599.54.**

. . . .

Le réglement de la dette flottante et des déficits sur le budget, chaque année plus considérables, les crédits spéciaux des Ministères, les sacrifices énormes auxquels doit conduire la politique aventureuse du Portugal au Congo, exigeront aussi des emprunts.

. . . .

Le service de la dette publique demandera certainement plus de fr. **120,000,000.**— et, ce n'est pas tout :
« en dehors de l'État, les provinces, les municipalités,
» les paroisses, les fabriques, créent des impôts et
» empruntent sans limite et sans contrôle ; le
» Gouvernement les laisse faire. (1) Livré à toutes ces
» sangsues, le contribuable, seul et sans défense, est
» littéralement saigné à blanc. »

. . . .

Nous admettons volontiers, dans les recettes du budget, les augmentations résultant du développement de la production et du commerce du pays.

---

(1) Voir le discours prononcé par M. Dias Ferreira, ancien Ministre des Finances, à la Chambre des Députés, le 30 Janvier 1885.

Les recettes des six derniers excercices (1) présentent les variations suivantes : (2)

de 1879 à 1880	augmentation fr.	11,111,000
» 1880 » 1881	idem.	»	15,556,000
» 1881 » 1882	diminution	»	3,900,000
» 1882 » 1883	augmentation	»	9,445,000
» 1883 » 1884	augmentation	»	10,000,000
» 1884 à 1885	diminution	»	323,500

Malheureusement, et malgré les désirs du Ministre des Finances, le développement de la matière imposable sera toujours assez lent en Portugal.

Les accroissements des recettes de quelques uns des derniers exercices proviennent surtout d'impôts nouveaux accablant le contribuable. « Tout est main- » tenant imposé, même le pain. — Le soleil et l'air » sont menacés de l'être ; le pauvre contribuable n'a » plus que sa chemise, et le Gouvernement va » bientôt la lui enlever. » (3)

Le bon peuple Portugais, si paisible, si résigné, s'irrite cependant à la fin et se décide à la résistance. En décembre dernier, la menace d'un nouvel impôt a provoqué une émeute grave à Porto et, — ce qui ne s'était, croyons-nous, jamais vu en Portugal, —

---

(1) Les chiffres de 1879 à 1883 représentent les recettes réelles et ceux de 1883 à 1885, les prévisions des budgets.

(2) Voir le rapport du Ministre des Finances, présenté avec le budget 1885-1886, le 12 Janvier 1885 à la Chambre des Députés

(3) Discours de M. Dias Ferreira à la Chambre des Députés, séance du 30 Janvier 1885.

qüelques contribuables ont été tués par la troupe, qui a dû charger les manifestants.

• • • • • • •

Le Gouvernement ne peut attendre aucun concours sérieux des banques Portugaises. Leur capital est engagé dans les titres de l'État, immobilisé dans des affaires de mines ou autres aussi aléatoires. — Elles n'ont de trésorerie qu'en empruntant à l'étranger sur nantissement de leurs valeurs, qu'en organisant un système de tirages, les unes sur les autres. Le Crédit Foncier Portugais est épuisé par les prêts aux communes et aux particuliers. Le change devient mauvais et, symptôme plus grave, l'or s'exporte du Portugal, malgré la protection de droits considérables à la sortie : les banques Portugaises tomberont avec le crédit du pays.

• • • • • • •

Les banques étrangères qui, depuis quelques années, avaient ouvert au Portugal le plus large crédit, le lui ferment aujourd'hui. Elles se souviennent d'anciens engagements, pas ou mal tenus ; elles sont émues de la campagne organisée sous le protectorat du Gouvernement contre la Compagnie des Chemins de fer.

Le Portugal, comme du reste tous les États, ne peut se procurer des ressources que par voie de contrainte, qui est le procédé de l'impôt ou par voie de persuasion qui est le procédé de l'emprunt. Il a épuisé les deux moyens.

La situation économique et sociale, compliquée de difficultés politiques, est, on le voit, des plus tendues.

Le pays comprend qu'on le mène à la ruine, et le

Ministre des Finances, violemment attaqué au Parlement, cherche des expédients pour présenter le budget extraordinaire.

. . . .

Malgré son patriotisme, son intelligence et son habilité, il ne peut sauver la situation, parce qu'il est impossible de la sauver. Il ne dévoilera donc qu'un petit coin de la vérité.

Quelques détails contenus dans le budget du Ministère des Finances (page 68) nous permettent cependant d'établir le chiffre minimum de la dette flottante au 30 Juin 1886, (fin de l'exercice économique).

Dette flottante au 30 Novembre 1884. fr. 6,666,666.—
Prévisions du Ministre pour les 7
   mois restants de l'exercice en cours. » 3,950,000.—
Déficit sur budget ordinaire 1885-1886 » 10,484,000.—
Déficit sur budget colonial
   1885-1886 (1) . . . . » 1,365,000.—
Dépenses extraordinaires prévues
   par le Ministre pour 1885-1886 (2) » 27,777,777.—
Achat de matériel de guerre (3) » 5,000,000.—

Dette flottante au 30 Juin 1886 : fr. 55,243,443.—

---

(1) Ce chiffre est celui du budget de l'exercice 1884-1885. Les dépenses de l'occupation du Congo n'y étaient pas comprises. La prise de possession définitive de cette colonie, jusqu'ici abandonnée, entraînera certainement des dépenses considérables, qui seront l'objet d'un chapitre spécial du budget colonial 1885-1886, ou d'un crédit extraordinaire que le Ministre aura à demander au Parlement. —

(2) Voir détail du service des emprunts divers à la charge du Trésor, page 68 du budget du Ministère des Finances. —

(3) Décret du 19 Mai 1884 (Art. 2.)

Ces chiffres fussent-ils définitifs, sont déjà alarmants ; mais il est bien à craindre qu'ils ne soient fortement dépassés.

. . . .

Le Ministre défend, comme il peut, le Président du Conseil et ses Collègues du Cabinet, et quand les hommes d'état les plus sensés lui montrent l'impossibilité d'accroître, comme il le dit, les recettes ; la nécessité de réduire les dépenses ordinaires et extraordinaires, — quand ils supplient le Gouvernement de s'arrêter sur cette pente fatale, « s'arrêter,
» répond-on, plutôt mourir que de s'arrêter. Le
» monde a les yeux sur le Portugal ; peut-il rester
» en dehors du progrès ; peut-il s'arrêter, quand on
» a percé le Mont-Cenis, le Saint-Gothard ; quand
» un pont se lance sur les Dardanelles ; quand on
» fait le Canal de Panama ; quand on étudie les
» moyens de peupler les déserts du Sahara ? (1) »

. . . .

Ces grands mots à la Portugaise, qui enlèvent naturellement les applaudissements unanimes de la majorité ministérielle, ne rassureront pas les porteurs de la rente. Ils leur rappellent la vieille fable d'un auteur français : *la grenouille qui veut se faire aussi grosse que le bœuf.*

. . . .

Rentes et Emprunts

Le Portugal a une dette intérieure et une dette extérieure. Des opérations multiples, telles que annulations, compensations, ventes, échanges de titres intérieurs contre titres extérieurs et réciproquement,

---

(1) Chambre des Députés. — Séance du 30 Janvier 1885.

ont eu lieu de 1852 à 1863 et rendent difficile l'étude des divers emprunts qui se sont faits pendant cette période.

1° Dette intérieure.

La rente intérieure est payée en monnaie portugaise. Les intérêts, payables en Portugal, le sont aussi, depuis 1874, à l'Agence Financière du Gouvernement à Londres, au change de 53 $\frac{1}{3}$ par 1000 réis. (au pair) (1)

EMPRUNT NATIONAL DE 1873. — But : Consolidation de la dette flottante, s'élevant au 30 Juin à fr. 86,500,000.— Contractant : un syndicat des établissements portugais moyennant commission de $\frac{1}{2}$ %.

Taux d'émission : 43 $\frac{3}{4}$, réduit à 43,31 % par les échelonnements des versements : au syndicat, l'emprunt revenait à 40,81 % Charge pour le Trésor : 7.35 %.

D'autres rentes intérieures non émises servent de réserves ou de cautionnements. Le Gouvernement s'est déchargé, sur la Banque de Portugal et autres établissements de Lisbonne et Porto, du soin de payer les pensions inscrites au budget (classes inactives.) Ces banques font des avances — 25 millions à peu-près, au 30 Juin 1884 — et sont

---

(1) Les *intérêts* de la dette, perçus en Portugal, ont été grévés, depuis 1881 d'un *impôt sur le revenu* de 3 %. La dette avait été primitivement émise, comme toujours, exempte d'impôts : — et cette exemption était inscrite sur les titres.

garanties par des dépots de dette intérieure perpétuelle. (1)

En 1885-1886, sans tenir compte de ces emprunts accessoires, la dette intérieure perpétuelle représente un capital nominal de 1 milliard 310 millions 76,700 francs, chiffre qui comprend le solde de 1852 à la conversion et le montant de l'emprunt de 1873.

A la DETTE INTÉRIEURE PERPÉTUELLE il faut ajouter la DETTE INTÉRIEURE AMORTISSABLE :

EMPRUNT DE 1875. — BUT : Achèvement de l'hôpital Estephania et construction du Pénitencier de Lisbonne. CAPITAL 1,777,000 fr. Cette opération a été faite par la Banque de Portugal à 6 $\frac{1}{4}$ % d'intérêts payés par semestres.

Amortissement : 1 $\frac{1}{2}$ % sur le capital primitif et 6 $\frac{1}{4}$ % sur le montant des sommes amorties.

EMPRUNT DE 1881. — BUT : Conversion de l'emprunt de 1875 (oblig^ns 6 % amortissables) pour achats de navires de guerre, en 5 % amortissable en 1961. MONTANT NOMINAL : fr. 15,370,488.

2me EMPRUNT 1881. — BUT : Obligations émises pour subventionnner la construction de la ligne de la Beira-Alta. MONTANT NOMINAL : fr. 12,434,688. Conditions égales à celles de l'emprunt qui précède.

----

(1) La situation de cette opération, suivant le budget 1885-1886, est la suivante :
Capital . , . . . fr. 25,418,153.30
Charges pour 1885-1886 » 1,197,222.20

Résumé

Dette intér. perpét. Cap^{tal}: 1310,076,700.— Charge: 39,561,190.50
(1) »   »   amort.   »   54,322,568.96   »   2,739,850.—

Totaux fr. 1,364,399,268,96   » fr. 42,301,040.50

Dette extérieure.

Le Portugal a contracté divers emprunts à Paris et à Londres ; les intérêts s'en payent suivant un change fixe rapporté à la livre sterling. Les titres de cette dette ont été placés principalement à Londres, Amsterdam et Anvers.

La dette se divise en deux catégories ; 3 % perpétuel et 5 % amortissable.

Voici les détails des dernières opérations faites :

EMPRUNT DE 1869. — But : Consolidation de la dette flottante et rachat des actions du chemin de fer du Sud-Est. — Montant nominal : 300 millions en dette 3 % perpétuel. — Contractants : MM. Stern Brothers, de Londres, se chargent de l'émission moyennant une commission de 1 $\frac{7}{8}$ % sur le capital nominal et avancent 37,500,000 francs au Gouvernement jusqu'à la réalisation de l'emprunt. Taux : La souscription eut lieu à Londres à 32 $\frac{1}{2}$ %, taux ramené à 28 $\frac{1}{3}$ % en tenant compte des bonifications.

---

(1) Le capital de la dette intérieure amortissable est établi d'après le budget 1885-1886 (situation en Septembre-Octobre 1884 des divers emprunts dont détail précède ;) les charges sont celles prévues pour l'exercice, elles comprennent l'intérêt et l'amortissement. (pages 66 et 67 du budget du Ministère des Finances.)

EMPRUNT DE 1872. — BUT : Consolidation de la dette flottante. — MONTANT NOMINAL : 125 millions en 3 %, perpétuel. — CONTRACTANTS : M.M. Erlanger & C⁰, prirent à 39,60 le solde de l'emprunt précédent — (en 1872, il n'avait été placé que 210 millions de l'emprunt de 1869 —) et à 42,86 le dixième du nouvel emprunt, avec option sur les neuf dixièmes restants.

L'opération n'ayant pas réussi, le syndicat preneur renonça à l'option.

EMPRUNT DE 1876. — BUT : Travaux publics à exécuter dans les Colonies africaines. — MONTANT NOMINAL : 7,660,000 fr. (15.320 obligations 5 %, amortissables de 500 fr. chacune.) CONTRACTANTS : La Société Financière de Paris prend ferme les 15320 obligations au taux net de 362,65 et les émet à 412 fr. — une somme annuelle de 194,444,44 fr. est affectée au service de cet emprunt — intérêts et amortissement. —

EMPRUNT DE 1877. — BUT : Consolidation de la dette flottante. MONTANT NOMINAL : fr. 162,500,000.— en 3 o/o perpétuel. — MODE D'ÉMISSION : Sans rien prendre ferme, MM. Baring Brothers & C⁰, à Londres, et le Crédit Lyonnais et la Société de Dépôts et Comptes Courants, à Paris, sont chargés, par moitié, de l'émission publique à 49 70 o/o.

L'émission fut partiellement couverte : environ 50 millions à Londres et 20 millions à Paris. Mais, MM. Barring et la Banque "Lisboa e Açores" prirent ferme à 48,50 une partie du stock, de façon que l'emprunt fût réduit à 100 millions nominaux.

EMPRUNT DE 1878. — BUT : le même que le précédent, dont il forme le solde. — MONTANT NOMINAL : fr. 62,500,000.— en 3 o/o perpétuel. — CONTRACTANTS : MM. Stern Brothers & C° prennent ferme 25 millions à 49 $^5/_8$ et émettent l'emprunt à Londres au taux réduit de 49,55.

EMPRUNT DE 1879. — BUT : Travaux publics dans le continent et les colonies. MONTANT NOMINAL : fr. 37,925,000 en obligations de fr. 505, rapportant fr. 25.25 d'intérêt annuel et remboursables de 1879 à 1961. — CONTRACTANTS : le Comptoir d'Escompte de Paris qui, de concert avec MM. Marcuard, André & C°, prit ferme les obligations à fr. 407,41 nets. L'émission eut lieu à fr. 465 ou fr. 453.53, en tenant compte des délais de versement.

EMPRUNT DE 1880. — BUT : Consolidation de la dette flottante et travaux publics en Portugal et dans les colonies. MONTANT NOMINAL : fr. 217,500,000 en 3 o/o perpétuel. — CONTRACTANTS : le Comptoir d'Escompte de Paris et MM. Stern Brothers de Londres prennent l'emprunt ferme, avec le concours, en Portugal, de la Banque de Portugal et de la Banque "Aliança".

L'émission eut lieu à Londres, Paris et Bruxelles à 50 1/2, réduits à 50,01 par les délais de versement.

EMPRUNT DE 1881. — But : Conversion des obligations 6 o/o créées pour faire face aux frais de construction des lignes du Minho et Douro.

Ces lignes, décrétées en 1867, comportent une longueur de 267 kilomètres et sont construites et exploitées par l'État. Le devis primitif devait s'élever à fr. 165,000.— par kilomètre ; il aura atteint presque fr. 300,000.

Montant Nominal : fr. 102,961,000, en obligations 5 o/o, remboursables avant 1961. Contractants : la Banque de Portugal, le Banco Alliança de Porto, le Comptoir d'Escompte de Paris, MM. Henry Burnay & Cᵒ, à concurrence d'un engagement de fr. 92,000,000 environ, et la Banque "Lisboa e Açores" pour une autre partie. L'emprunt fut pris ferme par le syndicat à 80 % et placé à 83 %.

EMPRUNT DE 1884. — But : Faire face à différentes dépenses, consolidation de la dette flottante et provision pour le déficit prévu aux budgets en cours. — Montant nominal : 259,065,000 fr. en 3 % perpétuel. — Contractants : la Banque de Portugal, le Banco "Lisboa e Açores", le Banco "Alliança", le Comptoir d'Escompte de Paris, M.M. Stern Brothers, etc. prirent ferme l'emprunt à 48,32 nets et l'émirent à 50 1/2 % (50 % nets pour les souscriptions comptant).

L'émission échoua, les titres vendus en Angleterre ne représentent pas 5 millions. Quant aux souscriptions en Belgique et dans les Pays Bas, on ne peut les compter que pour mémoire.

Résumé :

Dette ext^r. perpétuel. capital 1,347,470,895 charge 40.619,931
Dette ext^r. amortis. (1) »   146,634,000 »   7,507,812

capital **1,494,104,895** charge **48,127,743**

3⁰ Résumé des deux dettes.

Les éléments de la dette Portugaise sont donc en 1885 :

Intérieure   capital fr. 1364,399,268,96 charge fr 42,301,040.50
Extérieure   »   1494,104,895 —   »   48,127,743,65

Dette totale (2) »   **2858,504,163.96**   »   **90,428.784,15**

Il est intéressant de comparer ces chiffres à ceux de 1876, époque de la crise de banque, à Lisbonne et Porto

En 1876 :

Dette intérieure   capital fr. 1,242,422,800 charge fr. 37,293,296
 » extérieure   »   762,866,600   »   22,885,998

Dette totale   »   **2005,289.400**   »   **60,179,294**

Augmentation de 1876 à 1885 :

Capital fr. **853,214,763,96** charge fr. **30,249,490,35**

En huit ans, la dette publique s'est élevée de plus de 850 millions nominaux, 550 millions effectifs, environ ; à peu d'exceptions près, cette dette a été constituée pour couvrir des déficits ou des dépenses non productives.

---

(1) Le capital de la dette extérieure amortissable est établi d'après le budget 1885-1886, (situation au 1er Octobre 1885 des trois emprunts 5 % précités). — Les charges sont celles prévues pour l'exercice ; elles comprennent intérêts et amortissements. (Pages 65 et 66 du budget du Ministère des Finances).

(2) La dette flottante n'est pas comprise.

En huit ans, les charges du pays ont augmenté de 50 % : de fr. 6.38 par habitant elles sont devenues de près de 20 fr. par habitant.

Dans ces conditions, la lassitude des prêteurs étrangers est bien naturelle. Après avoir accueilli les émissions et contribué à élever les cours de l'Extérieur de trente deux et demi (32 $\frac{1}{2}$ o/o) (1869) à cinquante quatre (54 o/o) (1882 à 1884) ils s'effrayent aujourd'hui et résistent à subvenir aux dépenses croissantes de l'emprunteur.

Nous avons établi, avec chiffres officiels, que le service de la dette absorbe, en 1885, 53,06 %, du budget total ; il en absorbera, dans quelques années, 60 à 65 %, et nous devons rappeler le principe des économistes, formulé par M. Paul Leroy-Beaulieu, dans son Traité de la science des finances :

« On peut dire que lorsque, dans un budget, le service de
» la dette prélève plus de 35 %, l'État est tenu à une grande
» prudence, quoique les créanciers puissent encore avoir con-
» fiance ; quand le service de la dette dépasse 45 %, la
» situation commence à être inquiétante ; quand il atteint
» 55 ou 60 %, il est presque certain que le moindre incident
» devra amener un concordat entre l'État débiteur et ses
» créanciers. »

Il est intéressant de comparer les budgets et les dettes des divers petits états de l'Europe. (¹)

PAYS ET Nombre d'habitants		RECETTES	SERVICE DE LA DETTE	PRÉLÈVEMENT de la dette sur le budget.	CHARGE PAR habitant
Suisse	2,486,104	48,382,000 —	1.869,940.—	3,8°/₀	0,75
Suède	4,565,668	109,823,900.—	14,233,650.—	12,9 »	3,14
Norwège	1,913,500	55,175,216.—	7,947,047.—	14,4 »	4,15
Danemark	1,969,454	72,186,622.58	13,652,163.—	18,8 »	6,93
Hollande	4,114,077	232,263,570.—	63,695,717.40	27,3 »	15,48
Grèce	2,067,000	73,113,610.—	21,912,814.—	29,9 »	10,60
Belgique	5,585,845	299,571,760.—	96,519,119.—	32,2 »	17,28
Roumanie	5,376,000	125,039,536 —	48,347,189.—	38,6 »	8,99
Portugal	**4,745,000**	**174,324,944,42**	**92,502,117,48**	**53,06**	**19,40**

On voit que c'est en Portugal que le prélèvement pour le service de la dette est déjà le plus considérable; que la charge de la dette est la plus lourde par habitant.

Le contribuable y est, d'autre part, accablé d'impôts de toute nature : il n'a pas, comme en Belgique et en Hollande, une industrie ou un commerce dont les bénéfices lui permettent de supporter facilement les charges de la dette et des impôts.

(¹) Les chiffres que nous donnons sont ceux des derniers budgets publiés dans *l'Annuaire de l'Économie politique* — 1884.

CONCLUSION

L'avenir et le crédit du Portugal, engagé dans la voie déplorable où il ,marche depuis quelques années, et dont il ne veut pas sortir, sont absolument compromis.

Les vérités sont souvent assez difficiles à dire. — Empruntons une dernière image à l'un des orateurs de la majorité du Gouvernement Portugais.

Le pays rappelle un tableau bien connu de Rembrandt.

En arrivant, et de loin, l'étranger croit voir, au milieu de figures indécises et dans l'ombre, une jeune femme d'une admirable beauté — costumes riches, couverts de diamants et de paillettes — sa chevelure soyeuse et dorée est transparente, inondée de rayons de soleil.

Le visiteur s'approche ; son illusion disparait. La jeune femme superbe est une affreuse mendiante. Ses vêtements sont des haillons; les diamants, les paillettes d'or sont des trous, des tâches jaunes de moisissure.

. . . .

Les chiffres de cette étude sont extraits du projet de budget, du journal officiel, et d'autres documents authentiques.

Ils établissent et malheureusement sans réserves la situation suivante :

Le budget ordinaire, Juillet 1885 — Juillet 1886 (Portugal et îles voisines) présente des recettes de francs 174,324,944 et un déficit de francs 10,484,233 ; ce déficit est double de celui de l'exercice précédent.

Le déficit du budget des colonies est de fr. 1,365,365 en 1884 : il sera au moins égal en 1885.

La dette flottante, malgré l'emprunt 1884 (259,000,000) destiné à l'amortir, serait déjà au 30 Juin 1886 de fr. 55,243,443, suivant les données du Ministre des Finances.

Le budget extraordinaire qui n'est pas encore présenté aux Chambres prépare de nouvelles désillusions.

La dette flottante ne sera pas, à la fin de l'exercice 1885, de 55 millions, mais beaucoup plus considérable.

Dans les huit dernières années, (1876 à 1885), le Portugal a dû emprunter en moyenne et par an, environ 69 millions effectifs ; le produit de ces emprunts n'a servi qu'à couvrir des déficits ou des dépenses improductives.

Devant les engagements pris pour les travaux publics et avec les déficits aux divers budgets, le Portugal aura besoin, pour chacun des huit prochains exercices, en moyenne et par an, d'un emprunt de 100 millions effectifs correspondant à 250 millions nominaux en rente 3 % ; ces nouveaux emprunts pas plus que les précédents, ne serviront à développer sensiblement les revenus du pays.

En dehors de l'État, les provinces et les communes

sont considérablement endettées ; la propriété foncière est hypothéquée outre mesure.

L'industrie et le commerce du pays lui procurent peu de ressources : les revenus ne présentent et ne présenteront que de faibles augmentations ; le contribuable résiste absolument à de nouveaux impôts : accablé de contributions de toute nature, il supporte du fait seul de la dette, une charge annuelle qui, en 8 ans, est passée de fr. 6.38 à fr. 20 par habitant.

Les banques Portugaises ne peuvent plus donner aucun concours sérieux au Trésor ; elles tomberont avec le crédit de l'État.

Les banques étrangères sont inquiètes et retirent leur crédit au Portugal.

La comparaison des budgets des divers petits États de l'Europe démontre que c'est en Portugal que le prélèvement pour le service de la dette est le plus considérable ; que la charge de la dette est la plus lourde par habitant.

Si, au dire des économistes, le prélèvement de 55 à 60 o/o sur le budget pour le service de la dette, doit forcément amener un concordat entre l'État, débiteur, et ses créanciers, le Portugal — où ce prélèvement, de 53.06 o/o en 1885, atteindra prochainement 60 ou 65 o/o — ne présente plus aucune garantie aux capitaux étrangers.

Voilà la vérité ; et il a fallu, comme nous le disions en commençant, *une occasion* pour éclairer notre aveugle confiance.

Depuis plus de vingt ans nous prêtons tous au Portugal sans compter, à des taux modérés ; nous aurions naïvement continué si par une bizarrerie, un hasard heureux, les Portugais, oubliant dans leurs querelles politiques leur traditionnelle habilité, n'étaient venus, dans leurs débats parlementaires, nous dévoiler eux-mêmes toute la misère de leur pays.

Nous sommes prévenus un peu tard, mais aucune illusion ne peut nous rester aujourd'hui. —

Le Portugal court à une banqueroute fatale et prochaine : la forme en sera, croyons-nous, une réduction de 1 % sur l'intérêt de la dette : une conversion en 2 % du 3 % extérieur et une conversion analogue pour les obligations 5 %.

Le bruit de la suppression du remboursement des rentes amortissables et de la réduction de l'intérêt de toutes les rentes ou emprunts a, déjà plusieurs fois, couru Londres et Paris.

L'agent financier du Gouvernement Portugais en Angletterre, l'a démenti. Cependant, la suppression des amortissements établis par les lois du 19 Avril 1845 et 5 Mars 1885 est proposée aux Chambres par le Ministre des Finances et sera certainement approuvée. Quant à la réduction d'intérêt, le baron Ricci n'a pu trouver ni donner aucun chiffre, aucun renseignement précis et de nature à rassurer les créanciers de son pays.

Le 3 o/o, côté 54 de 1880 à 1883 se maintient péniblement à 46 après être tombé ces derniers temps à 44 1/4. Quand les banques anglaises et françaises, dont le syndicat va se dissoudre, vont reprendre leurs titres de l'emprunt 1884 et les écouler aux bourses de Londres, Anvers et Paris, une nouvelle baisse est certaine ; et quand, débarrassés de cette valeur, les banquiers n'auront plus d'intérêt à la soutenir, l'Extérieur reviendra aux cours de 30 à 35 qu'elle ne dépassait pas avant 1870 et dont nous ne comprenons vraiment pas qu'elle ait pu sortir, avec la situation et l'administration déplorables du pays.

La cote de 30 à 35 pour le 3 o/o extérieur correspond à celles de fr. 277 à 323 pour les obligations 5 o/o de 1876 (fr. 500) et de 280 à fr. 326.60 pour les obligations 5 o/o de 1879 (505 francs).

FIN.